AF296218

AIRE

1867

# A

## ARTISTE.

Un Peintre, un Sculpteur, un Musicien, un Acteur, sont des artistes, mais celui dont vous voyez le portrait et le ridicule costume, n'est qu'un *Rapin*, mot qui, dans les ateliers, signifie peintre sans talent. Le Rapin est le boute-en-train de l'atelier. C'est lui qui fait *monter les nouveaux à l'échelle*. Son talent consiste à faire des charges. Tantôt il s'affuble d'un faux-nez, se fait une tête parfaite d'imbécilité et exécute des danses dignes du crayon d'un Gavarni. Il fait sensation dans les estaminets, où il est souvent porté en triomphe et où il vide plus de verres qu'il n'en peut raisonnablement contenir. Nous avons connu un de ces rapins. Un soir, un de ses amis va le demander à son café.

Quatrième table au fond.

L'ami revient et prétend ne pas l'avoir vu à la table indiquée.

Allons donc ! fait le garçon. Avez-vous regardé dessous ?

Voilà celui qui se croit artiste, mais qui ne sera jamais qu'un *Rapin*.

# B BORD.

Un navire, un bâtiment. On dit nous montâmes à bord. Un *maître à bord* est celui qui, sur un navire marchand, remplace le capitaine auprès des matelots. A ce sujet, il nous revient en mémoire une aventure arrivée au vieux matelot Kermorec, *maître à bord* du Groënland. Après une tempête affreuse qui avait englouti le vaisseau, Kermarec et un petit mousse se tenaient accrochés à un débris de mât et allaient périr, lorsqu'ils firent vœu de faire le pèlerinage de Notre-Dame, à pied et avec des pois dans leurs souliers.

La Vierge exauça leur prière et ils furent sauvés. Leur premier soin fut d'acheter des pois durs, puis de se reposer dans une auberge, d'où ils partaient le lendemain matin, pour accomplir leur vœu.

Au bout de quelques heures, le vieux loup de mer déclara en boitant, qu'il ne pouvait aller plus loin, les pois le faisant horriblement souffrir. Le mousse riait sous cape. Mais toi, *Moussaillon*, comment diable fais-tu pour les endurer?

Moi, répond l'espiègle, c'est bien simple, hier soir, je les ai fait cuire !....

# C COUREUR.

Domestique qui court à pied, et dont on se sert pour porter des messages avec célérité.

Les ambassadeurs avaient dix et vingt coureurs. Les Turcs font porter des nouvelles par des coureurs.

Avant 1789, les grands seigneurs avaient des coureurs tout chamarrés d'or qui suivaient leurs carrosses, et attendaient ainsi les ordres de leurs maîtres.

Les coureurs précédaient aussi les voitures pour les annoncer de loin.

De nos jours, on a vu des coureurs suivre les chevaux à la course, au Champ-de-Mars, et on se rappelle aussi celui qui faisait métier de courir au-devant de la voiture de Paris à Versailles et qui, un jour, par suite d'un faux pas, tomba sous les roues et eut un bras coupé, ce qui ne l'empêcha pas, par la suite, de recommencer cet exercice, tout manchot qu'il était.

# D DIABLE.

Démon, esprit tentateur. Le mot diable a aussi d'autres expressions. Mais le diable représenté ici, me fait l'effet de n'être qu'un diable de carnaval et, comme tel, me rappelle l'aventure de mon ami Polycarpe qui, invité à un bal costumé chez la mère d'un de ses amis, s'était empressé de se faire faire un costume de diable.

Le jour du bal, il se fit habiller par son domestique qui, après des efforts inouïs, parvint à en faire un diable du plus beau laid. Polycarpe se trouve superbe, il monte en voiture, grimpe en courant les escaliers veufs de fleurs, traverse les antichambres désertes et arrive, en gambadant, dans un vaste salon où quelques personnes âgées font silencieusement une partie de boston.

Jugez de son embarras; ces personnes épouvantées veulent se sauver, lorsque le fils de la maison arrive et s'écrie: Ah! mon cher Polycarpe, j'ai oublié de te prévenir que la soirée était remise. Tout, alors, est expliqué et le pauvre diable, honteux et confus, s'enfuit, promettant qu'on ne l'y prendrait plus.

# E ENFANT.

Ce mot n'a pas besoin de vous être expliqué. Il y en a de charmants, de terribles, des gâtés et aussi des gourmands; ces derniers sont ceux qui *chipent* le *sucre*, les *gâteaux*, les bonbons et les confitures.

Il y a aussi les *Enfants de troupe*, fils de militaires, élevés dans les casernes. Les *Pupilles de la Garde* sont des enfants de troupe. Il y a quelques jours, un groupe de ces charmants enfants jouait à la promenade, sous la surveillance d'un zouave à longue barbe grise, lorsque vint à passer une pauvre femme, suivie de trois malheureux petits enfants en haillons. Alors, l'un des enfants de troupe ému de compassion, retire son turban, y dépose deux ou trois sous, toute sa fortune, et tend cette bourse improvisée à ses camarades qui s'empressent d'y déposer leurs offrandes, puis, comme cette action avait attiré beaucoup de monde, il s'adresse avec gentillesse aux curieux et, quelques minutes après, il versait, dans le tablier de la pauvre mère, un cinquantaine de francs, et reprenait tranquillement ses jeux, au milieu des bénédictions de la pauvre mère et des applaudissements de la multitude.

# F FOU.

Privé de raison.

Fou, se dit aussi d'un enfant espiègle, gai et d'humeur joyeuse.

Mais, celui représenté ici porte le costume des fous que les rois et même les grands seigneurs avaient autrefois à leur service.

On choisissait ordinairement, pour cet emploi, des nains et des êtres disgraciés.

Très-souvent on voyait, dans les banquets, servir des pâtés d'où sortait tout à coup, le *Fou*, en gambadant sur la table et faisant, à son maître, force grimaces, à la grande hilarité des convives.

Ces fous s'habillaient d'une façon burlesque.

L'histoire a conservé les noms de Triboulet, fou de François 1er, de Langeli, fou de Louis XIV, et de Bébé, fou du roi Stanislas.

Ils jouissaient d'une liberté entière et du droit de dire les plus dures vérités à leurs maîtres.

# G GARÇON D'HONNEUR

Jeune homme choisi pour faire les honneurs dans une noce et veiller à ce que rien ne manque aux convives.

Vous voyez le beau Nicolas, il part tout enrubané et a mis ses habits du dimanche. Aussi chacun sur sa porte s'écrie, d'un air de convoitise : *Qu'il est beau ce m'sieu Nicolas !...* Il ne donnerait pas sa position de garçon d'honneur pour la plus belle vache du pays; et puis il pense que bientôt ce sera à son tour d'être le marié, car il doit épouser Jeannette. Bref, il est garçon d'honneur et il en est tout fier, et cependant que d'ennuis l'attendent; à peine s'il pourra dîner, s'il aura l'occasion de faire danser sa promise, et puis la grosse gaîté villageoise exige de lui faire le plus de niches possible. Enfin, il rentrera le lendemain avec un pan de moins à son bel habit vert pomme. Son chapeau sera un tant soit peu défoncé, le tout histoire de rire et de s'amuser.

Mais c'est égal, le beau Nicolas s'en consolera, car il pourra dire : j'étais le *garçon d'honneur.*

# H HALLEBARDIER.

Autrefois, la garde des châteaux royaux était confiée à des Suisses (*hallebardiers*). Les premiers suisses qui vinrent en France, furent amenés à Louis XI, en 1564, par le duc de Calabre, qui en forma une garde de cinq cents hallebardiers.

Aujourd'hui, les *hallebardiers* sont connus sous le nom de suisses et employés à la garde des châteaux et principalement dans les églises. Le *hallebardier* ou suisse, dans les églises, ouvre, ferme les portes et précède le clergé, afin d'ouvrir la marche. Le hallebardier porte un chapeau galonné d'or ou d'argent, un habit chamarré d'or, et des épaulettes à *graines d'épinards*, comme un général, le tout revêtu d'un magnifique baudrier qui retient une épée que le sang n'a pas rougi. Une culotte courte, des bas blancs, et des souliers à boucle, complètent son costume. D'une main il tient une hallebarde et de l'autre une canne.

Si le suisse ne fait pas usage de poudre, il ne déteste pas, dit-on, le *canon*.....

# I   INCORRIGIBLE.

Voilà Paul la tête coiffée du bonnet d'âne et la poitrine ornée de l'écriteau destiné aux incorrigibles. C'est que Paul est le dérange tout de la classe, et qu'il ne pense qu'à jouer de mauvais tours, au lieu d'apprendre ses leçons.

Voici le dernier tour de Paul, qui lui a valu sa punition.

Son maître d'école, le père Dominique, a le malheur de porter perruque, de plus il est vieux et fait volontiers son petit somme. Alors Paul, profitant de ce sommeil, prit une épingle qu'il recourba en forme d'hameçon, l'attacha au bout d'une ficelle, puis s'approchant à pas de loup, il accrocha adroitement l'épingle après la perruque, et l'autre bout de la ficelle à un clou. Quelques instants après, un étranger entrant dans la classe, réveilla le père Dominique qui, à moitié endormi, descendit de son estrade, d'un côté, pendant que sa perruque s'en allait de l'autre.

Jugez des éclats de rire de tous les bambins. Aussi le père Dominique, furieux, a-t-il mis Paul en pénitence.

Incorrigible.

# JEANNOT.

Jeannot, sorte de niais bouffon.

C'est le comique d'une troupe de bateleurs, il fait la parade sur les tréteaux en plein vent; son maître n'y est que son compère aux dépens duquel il fait rire les spectateurs, d'autant moins difficiles que le spectacle est *gratis*. A la suite de ses grosses plaisanteries, telles que celles-ci :

Comment, Jeannot, tu es sans place?

Hélas ! oui, monsieur.

Veux-tu que je t'en indique une?

Oh ! oui, je veux bien.

Eh bien ! va à la place de la Concorde.

Après quelques plaisanteries de ce genre, Jeannot finit par se fâcher, mais pour comble de bonheur, il reçoit toujours quelques soufflets et quelques coups de pied dans la partie postérieure de son individu. Puis la parade terminée, il fait le *boniment*, annonce les prodiges que contient l'intérieur de la baraque, et invite l'honorable société à ne pas s'arrêter aux bagatelles de la porte. Ceci fait, encourageant du geste et de la voix,, il s'arme de sa baguette et bat la grosse caisse avec acharnement.

# K KABYLE.

Peuplades indigènes de l'Afrique.

Le Kabyle est turbulent et pillard. Voici un fait qui s'est passé dans nos dernières guerres d'Afrique. Un Anglais et son domestique marchaient, comme curieux, à la suite d'un détachement français. L'Anglais avait endossé le burnous, tandis que son valet était doré sur toutes les coutures. Un matin, le détachement étant tombé dans une embuscade, le convoi fut pillé et l'anglais et son groom faits prisonniers.

A la grande surprise de l'anglais, les kabyles ne firent aucune attention à lui, tandis qu'ils prodiguèrent forcé marques de respect au domestique, qu'ils conduisirent dans un oasis et auquel ils offrirent la *diffa*, repas d'honneur. Grâce à ses habits galonnés d'or, ils l'avaient pris pour un général.

Cette méprise dura le temps nécessaire pour que l'anglais fît venir la rançon exigée pour leur délivrance, et qui était d'autant plus forte que le domestique devait payer, à lui seul, trois fois plus que son maître.

# L

## LYCÉEN.

Le Lycéen est le jeune garçon que les parents placent dans un collége ou lycée pour y faire ses études. Il porte un uniforme presque militaire et dont il est très-fier. Dans un lycée, on se lève, on va au réfectoire, à la récréation et on se couche au son du tambour. On y fait aussi l'exercice. Le lycéen veut faire l'homme et le farceur. Une grande solennité a lieu tous les ans dans les colléges, c'est la distribution des prix. Les élèves qui ont remporté les prix d'honneur sont reçus à la table du ministre, et le 28 janvier, jour de la saint Charlemagne, les élèves qui ont eu le plus de succès depuis la la rentrée des vacances, sont appelés à la table du saint, en l'honneur duquel ils mangent quelques petits pâtés truffés et font sauter quelques bouchons de vin de Champagne. Tous n'ont pas cet honneur, tel celui à qui on demandait :

Qu'est-ce que la foi ?

C'est le dimanche....

Comment, le Dimanche ?

Oui, c'est la fois où je ne vais pas en classe.

# M LE MAIRE.

Le Maire est le premier magistrat d'une commune, très-souvent, c'est un bon et jovial fermier.

Le maire du village est hospitalier; chez lui, le malheureux est toujours bien accueilli.

Un soir, un pauvre diable de saltimbanque, exténué de fatigue, frappe à la porte du maire d'un village bourguignon. Un bon gros paysan, vêtu d'une blouse rapiécée, vient lui ouvrir.

Mon brave homme, dit le saltimbanque, je voudrais voir M. le Maire.

Mon ami, c'est moi....

Le saltimbanque, un moment interdit, reprend son aplomb et expose sa triste situation.

Aussitôt un couvert est mis et, auprès d'un bon feu, notre paillasse joue des mâchoires, il dévorait.

Ma foi, l'ami, lui dit le maire, ça aurait été fâcheux de ne pas vous ouvrir, car je suis émerveillé, sans vous la reprocher, de voir la quantité de nourriture que vous expédiez.

Ecoutez, M. le Maire, répond le saltimbanque la bouche pleine, il n'y a rien d'étonnant à cela, je pratique depuis que je suis né !....

# N NOURRICE.

Vous vous rappelez tous votre bonne grosse mère nourrice, celle qui a guidé vos premiers pas dans la vie ; vous vous rappelez le petit berceau bien blanc dans lequel vous avez si souvent dormi, la bouche souriante et le petit bras pendant ; et la grange dans laquelle vous vous êtes tant roulé sur la paille. Vous devez bien aimer votre mère, mais vous ne devez jamais oublier votre nourrice, votre seconde mère. Le roi Henri IV voyait toujours la sienne avec bonheur, et naguère encore, un prince ne manquait jamais d'aller tous les ans visiter sa nourrice. Son bonheur était de lui jouer des tours, bien innocents du reste. La bonne femme avait l'habitude de faire des confitures et de coller sur ses pots, une étiquette ainsi conçue :

« Rempli par Mme Brown. »

Lorsque le prince pouvait mettre la main sur ses délicieux pots, il s'en donnait à cœur joie et ajoutait toujours sur l'étiquette :

« Vidé par Louis..... »

La bonne femme riait de tout son cœur et était enchantée de pouvoir encore procurer un plaisir à son cher *petiot*.

# O
## OFFICIER.

Tel que celui que vous voyez, est un militaire qui a un commandement sur ses soldats.

La vie de garnison offre souvent des types curieux, qui prêtent à la plaisanterie.

Tel qui, sur le champ de bataille, fait preuve de bravoure, se montre souvent sévère sur la discipline.

Un jour, à la suite d'une inspection, chaque soldat avait son sac ouvert à ses pieds. Tout à coup l'officier raide et empesé, s'arrête et fronce le sourcil.

Qu'est-ce, dit-il au soldat, dont il examine le fourniment, quatre aiguilles à coudre au lieu de trois, que porte le réglement. Capitaine, quarante-huit heures de salle de police à cet homme, pour lui apprendre qu'un soldat en campagne, ne doit pas être inutilement surchargé !....

Excusez du peu, fit tout bas le soldat.

Quarante-huit heures de plus, pour avoir répondu, ajouta l'officier.

Ah ! mes enfants, quel plaisir d'être soldat !

# P

## POSTILLON.

Domestique qui monte sur un des chevaux de devant d'un attelage.

Le postillon d'une voiture, d'une diligence.

Aujourd'hui, les chemins de fer ont, en grande partie, fait disparaître ce métier.

Le postillon était très-fort sur le *pourboire*; aussi, malheur au voyageur avare, qui ne se montrait pas généreux ; il était toujours fort mal mené.

On raconte qu'un jour le marquis de B...., qui avait un pari considérable avec un anglais, connaissant la rancune des postillons, s'était montré très-avare à chaque relais, oubliant, avec intention, de donner le pourboire.

Aussi, les postillons, se donnant le mot, ne manquèrent-ils pas, contrairement aux ordres du marquis, qui avait recommandé de le mener très-doucement, de le conduire ventre à terre, de sorte que, grâce à sa ruse, les postillons, croyant le vexer, lui firent gagner son pari.

# Q  QUASIMODO.

Signifie en terme vulgaire, un être difforme et bossu.

Ce terme est usité, depuis le type que Victor Hugo a dépeint dans sa *Notre-Dame de Paris*. Rencontrer, le matin, un bossu et lui taper sur sa bosse, porte, dit-on, bonheur. De tous temps, les malheureux bossus ont été en butte à toutes sortes de plaisanteries. Dernièrement, dans une petite ville, les bossus qui y sont nombreux, ont été invités, chacun séparément, par une lettre très-polie, à se rendre chez M. R.., telle rue, tel numéro et telle heure, pour une affaire particulière. Tous les bossus se rendirent à l'heure indiquée chez M. R..., qui, ne comprenant rien à cette réunion insolite, voulut les mettre à la porte, ce qui n'eût pas lieu sans force coups de poing, et fort heureusement que la police arriva assez à temps pour éviter une mêlée générale.

Les bossus passent pour être très-spirituels et très-gais, car deux proverbes disent: *Spirituel comme un bossu*, et *Rire comme des bossus*.

# R ROSIÈRE.

Celle des jeunes filles qui, dans certains villages, a obtenu la rose destinée à être le prix de la sagesse. Le portrait qui vous est soumis, est peut-être celui d'une rosière de Nanterre, mais dans tous les cas, la rose qui s'épanouit sur sa poitrine et son air béat, prouvent que c'est une vraie rosière.

Dans un an elle sera une mariée, car les demandes ne lui manqueront pas, et elle sera le plus bel ornement du village.

Les rosières sont ordinairement les plus jolies filles du pays, celle qui figure ici en est une preuve convaincante, aussi, les honneurs ne lui manquent pas en cette journée mémorable. La place d'honneur lui est réservée au banquet, et Monsieur le Maire s'empresse de lui offrir la main, pour ouvrir le bal, qui fait la joie de la jeunesse du village.

# S SERVANTE.

Femme aux gages d'un maître. La servante ou cuisinière est rusée et a la réputation de *faire danser l'anse du panier*. Voici un fait qui le prouve.

M^me D... voit, chez un marchand, une dinde qui lui paraît fine et l'achète sept francs.

Françoise, dit-elle en rentrant, voici une dinde que j'ai achetée sept francs, comment payez-vous donc si cher?

La cuisinière ne répond pas; le soir il y avait grand dîner. Françoise court chez son marchand habituel et change la dinde de madame contre la bête la plus coriace de la boutique, en disant: Je ne veux pas que madame se mette sur ce pied-là.

Au milieu du dîner, M. D... s'écrie: qu'est-ce que cette bête-là? ce n'est pas de la chair, c'est du cuir. — Que voulez-vous, monsieur, ce n'est pas ma faute, madame a voulu acheter elle-même cette volaille.

Le lendemain, M^me D.. se plaint au marchand et en achète une autre; même manège de Françoise, mêmes plaintes de monsieur qui se fâche et défend à madame d'acheter elle-même. Depuis ce temps, la cuisinière a gagné son procès et fait, tout à son aise, *danser l'anse du panier*.

# T TORÉADOR.

Mot espagnol qui désigne un cavalier qui combat les taureaux dans les courses et fêtes publiques. Ce genre de spectacle n'a d'amateurs qu'en Espagne. Le toréador, vêtu d'un costume élégant, s'avance à cheval dans l'arène et va au-devant du taureau furieux; il le harcelle en le piquant du fer de sa lance, et son habileté consiste à échapper aux coups de cornes que l'animal cherche à lui donner ainsi qu'à son cheval.

Souvent, le toréador paie de sa vie ce jeu dangereux; mais, quand il sort vainqueur de la lutte et que le taureau, auquel il a donné le coup de grâce, gît étendu à ses pieds, alors, de toute la foule, sortent des cris d'enthousiasme, les plus belles dames lui jettent des bouquets, les hommes battent des mains; c'est enfin un véritable triomphe.

En France, on a cherché à faire admettre ce spectacle, mais après deux ou trois représentations, les toréadors ont dû, Dieu merci, repasser la frontière.

# U

## USKOF.

Ce qui, dans certains pays, veut dire grand *pourfendeur*, qui, armé de pied en cap, s'en *va-t-en guerre*, comme *Malborough* dont vous connaissez la chanson.

Nos pères ont bien ri lorsque ces sortes de cosaques sont arrivés en France à la suite des alliés. Ils appelaient ces sortes de croquemitaines tartares, des *mangeurs de chandelle*, parce que ces soldats, dans leur sauvage ignorance, ne comprenant pas l'usage de la chandelle, les volaient pour les manger, car, pour eux, cette ignoble odeur de suif valait mieux que tous les bonbons du monde.

Ils ne connaissaient pas non plus l'emploi de nos vases de nuit et s'en servaient pour manger leur soupe, à la grande satisfaction du peuple qui les laissait faire.

Vous voyez, mes enfants, qu'il ne faut jamais s'effrayer de ces grands pourfendeurs, tel qui a l'air bien terrible, n'est souvent pas à craindre.

# V
## VILLAGEOIS.

Habitant d'un village. Vous voyez Pierre, la plus forte tête de l'endroit. C'est jour de fête, il réfléchit au couplet qu'il chantera chez **M.** le maire, qui, en ce jour, reçoit à la ferme les jeunes gens du pays. Enfin, on part, le violoneux en tête, et on arrive à la ferme ; un profond silence se fait, car chacun s'attend à une surprise de Pierre qui, en effet, entonne le couplet suivant :

> Boutons not'habit l'pus biau
> Q'jons quand il est fête,
> Pour aller manger du viau.
> Ça s'rait malhonnête
> Si j'allions en saligots
> Visiter not'maire.

Des applaudissements éclatent de toutes parts et le cidre circule. Le violoneux monte sur un tonneau et les danses commencent devant la ferme. Puis on mange la bouillie, tout en cherchant à s'en barbouiller la figure. Les danses recommencent ensuite, et l'après-midi, on se met à table au milieu des rires et de la joie, puis, toute la nuit, on boit et on danse, et, au jour, chacun rentre chez soi.

Voilà le village et le villageois.

# X   XÉNOMANE.

Se dit des personnes qui ont la passion des voyages et sont toujours à la piste des nouvelles. Il y en a eu de célèbres et qui ont perdu la vie dans des pays lointains. Mais celui que nous voyons ici n'en est que la caricature. C'est l'homme que vous rencontrez en chemin de fer, lisant un journal ou parlant à des personnes qu'il n'a jamais vues. Ordinairement le xénomane passe pour être *toqué*, un peu fou. Voici un fait :

Un xénomane revenant un jour d'un voyage, trouva sa femme morte de la veille. Le lendemain, en la conduisant au lieu du repos, il ne cessait de se lamenter. Enfin, au dernier moment, il s'écria : Attendez, je veux laisser à ma pauvre femme une mèche de mes cheveux.

En même temps, il offrit un canif à un des assistants, mais comme il coupait mal, au lieu d'une mèche, ce fut une perruque qui resta entre les mains de l'opérateur. Le xénomane était chauve, mais, dans sa distraction, il l'avait oublié.

# Y YOWAYS.

Sauvages qui habitent les montagnes rocheuses. Ils sont très-laids, se peignent le corps et la figure ; ils se passent des anneaux dans le nez. A ce sujet, on raconte qu'à une célèbre foire fréquentée tous les ans par les sauvages, qui y font leurs provisions de poudre et de plomb de chasse, qu'ils payent en poudre d'or, un voyageur qui avait été dévalisé et auquel il ne restait qu'une quantité considérable de pains à cacheter, dont il ne savait que faire, eut l'idée de les exposer aux regards des passants ; une foule de Yoways s'arrêtèrent, en ouvrant de grands yeux, car ils ne comprenaient pas l'emploi de ces petits ronds de toutes couleurs. Alors le marchand, en ayant choisi plusieurs, se les colla sur le visage. Aussitôt sa marchandise fut enlevée, chacun lui donnait en poudre d'or une valeur si considérable, qu'au bout de quelques heures, il avait réalisé un bénéfice énorme.

Pendant quelques jours chacun regardait avec étonnement les yoways cachetés sur toutes les faces.

# Z

## ZOUAVE.

Voilà le Zou....zou... Voilà le Zou....zou... Voilà le Zouave..... Le zouave est un des plus intrépides soldats de l'armée française. En campagne, il n'est jamais embarrassé pour sa nourriture : tout lui est bon, le poulet, le rat, le mouton ou le chat, tout y passe.

On raconte qu'après une bataille, les zouaves étant entrés en vainqueurs dans une ville, les notabilités leur offrirent un grand dîner. Après le dîner, un domestique, s'adressant à un vieux zouave, lui dit, en lui présentant des liqueurs: Eau-de-vie, Rhum, Kirsch ou Anisette?

Je n'aime pas votre *ou*, répond le zouave. *Tout....* et alternativement.

Si le zouave est terrible dans la bataille, il est bon et humain après la victoire, mille faits l'ont prouvé.

Donc, mes enfants, honneur au zouave!

METZ. — IMPRIMERIE DE CH. THOMAS.